THIS BOOK BELONGS TO

1

2

REPEAT

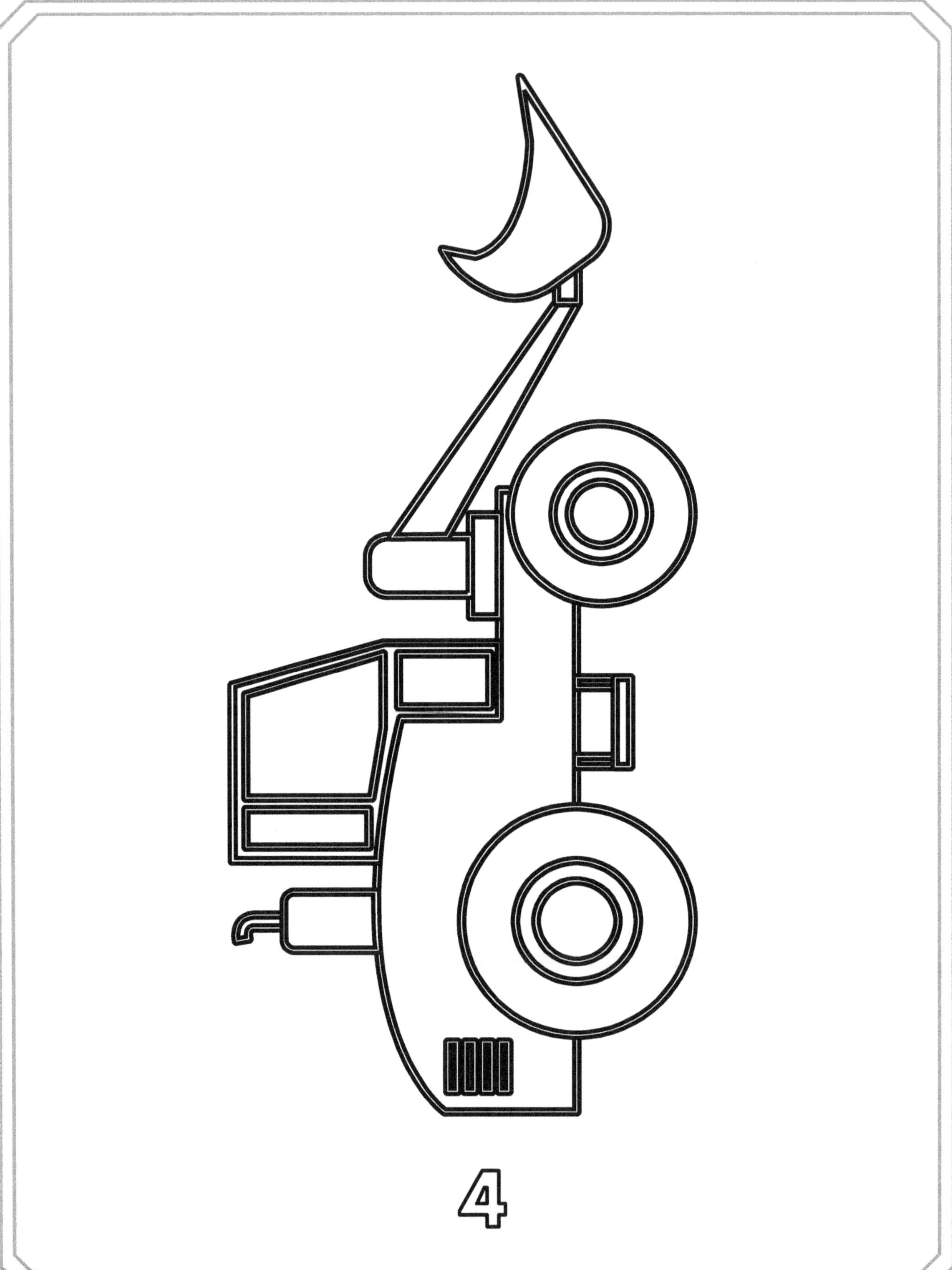

4

REPEAT

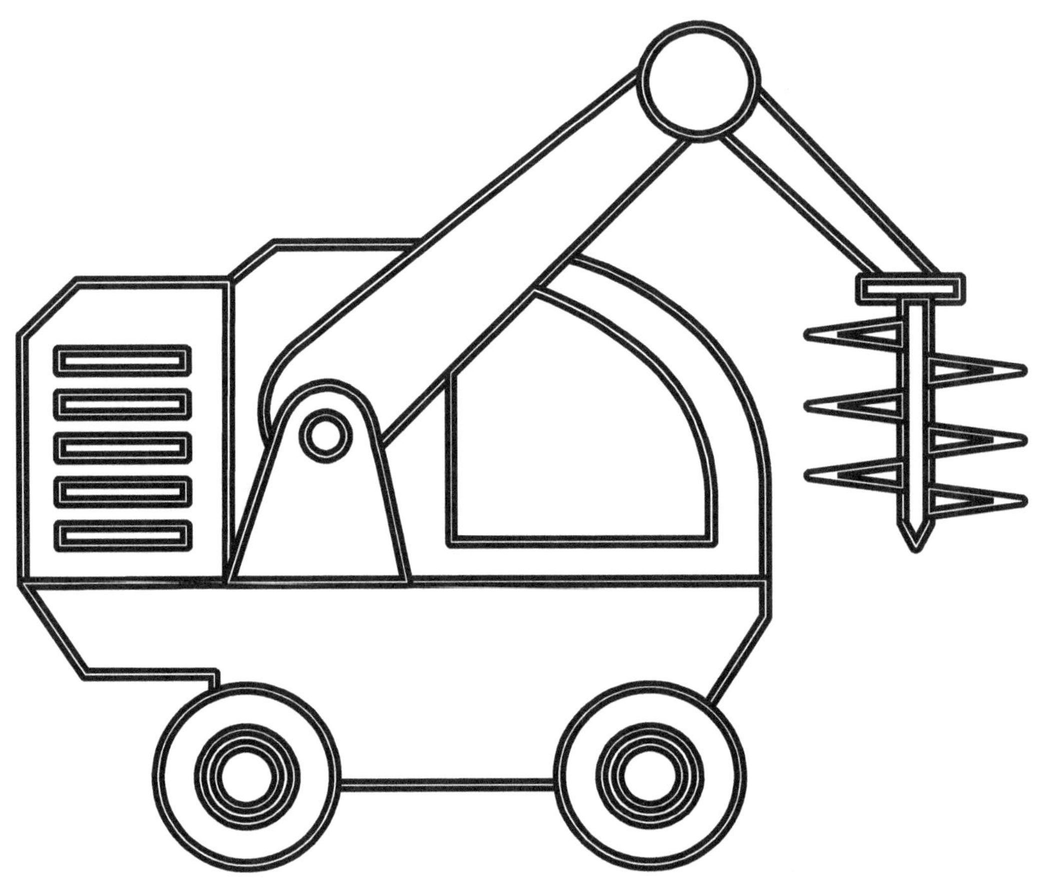

6

REPEAT

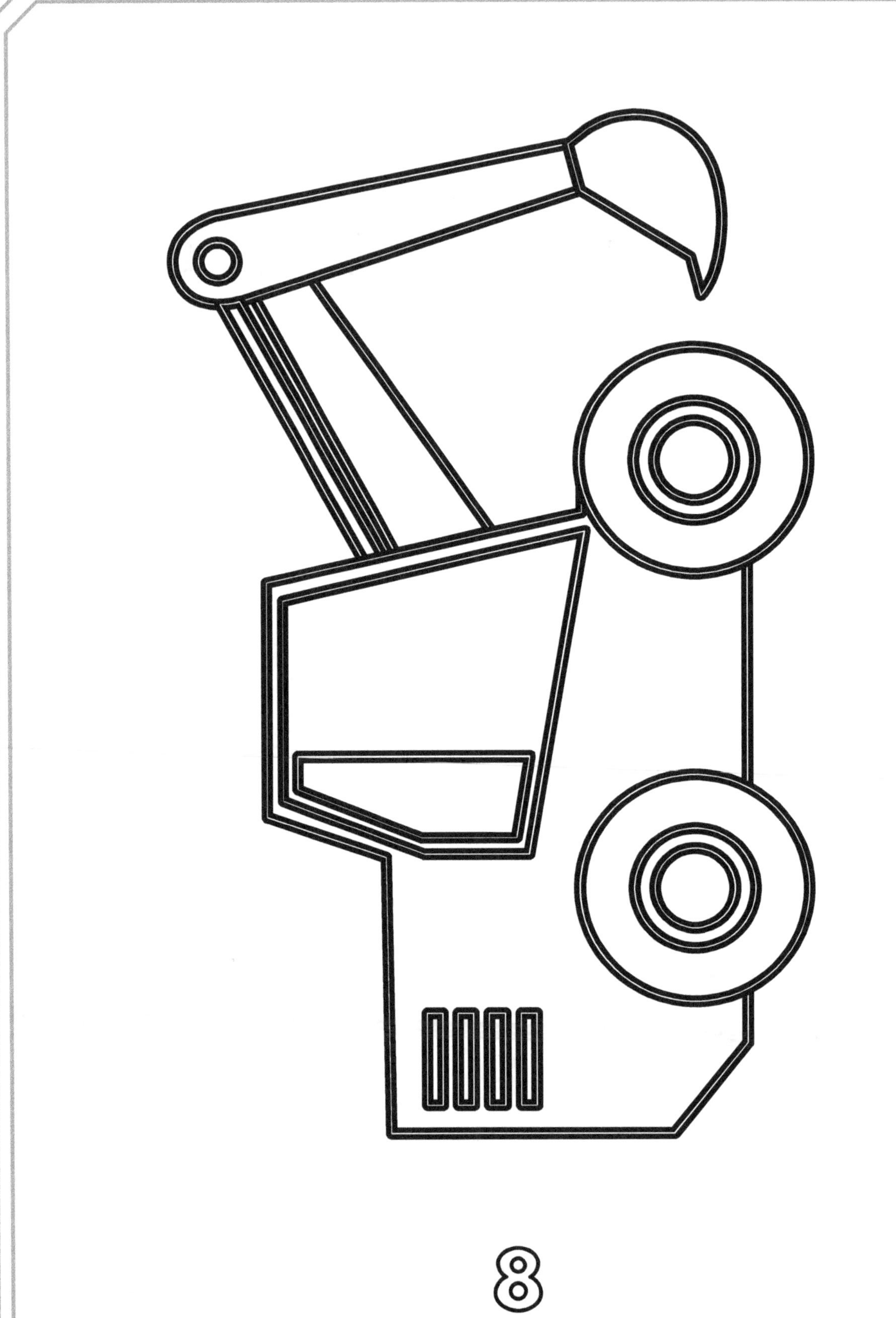

8

REPEAT

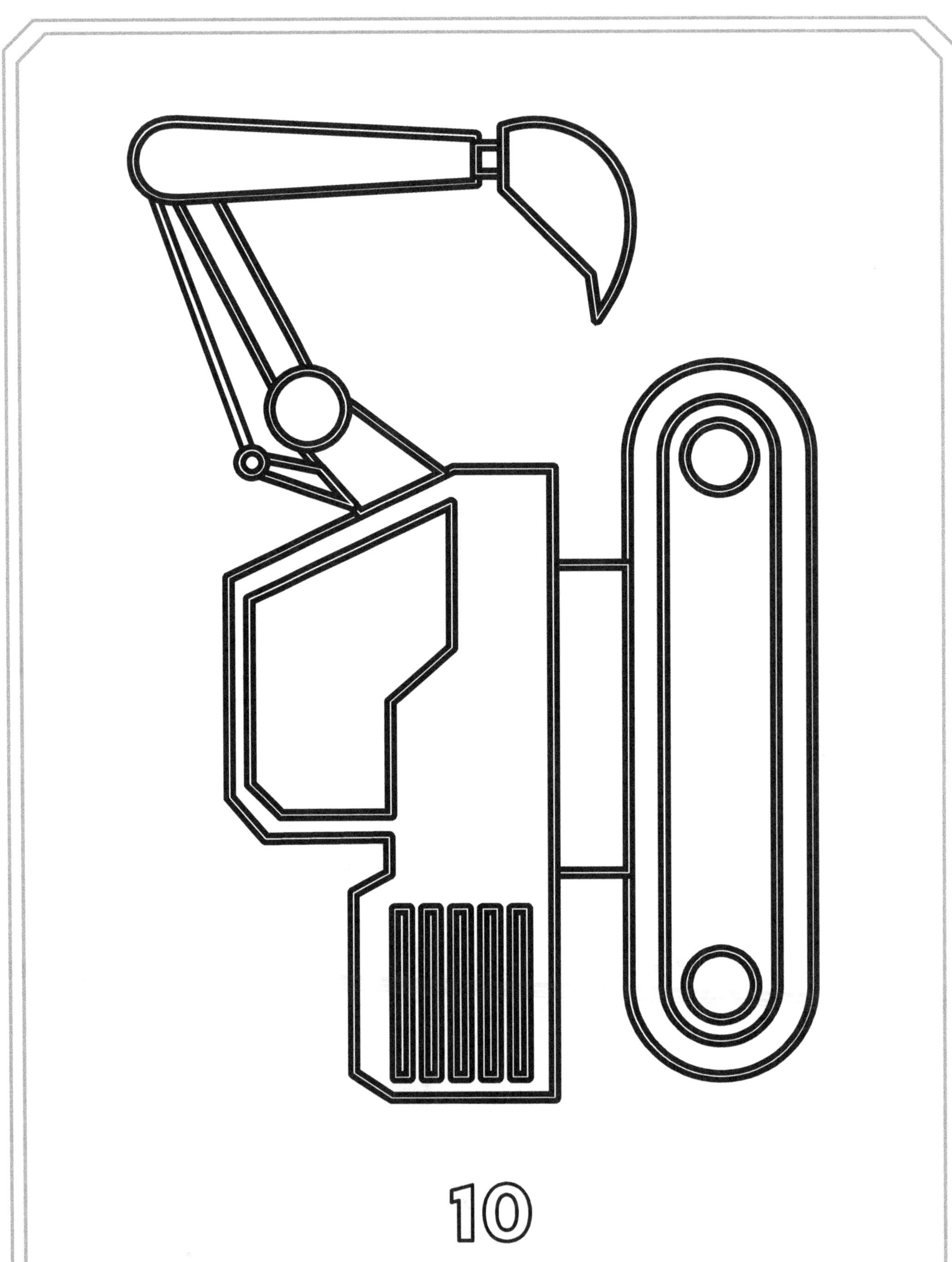

10

REPEAT

11

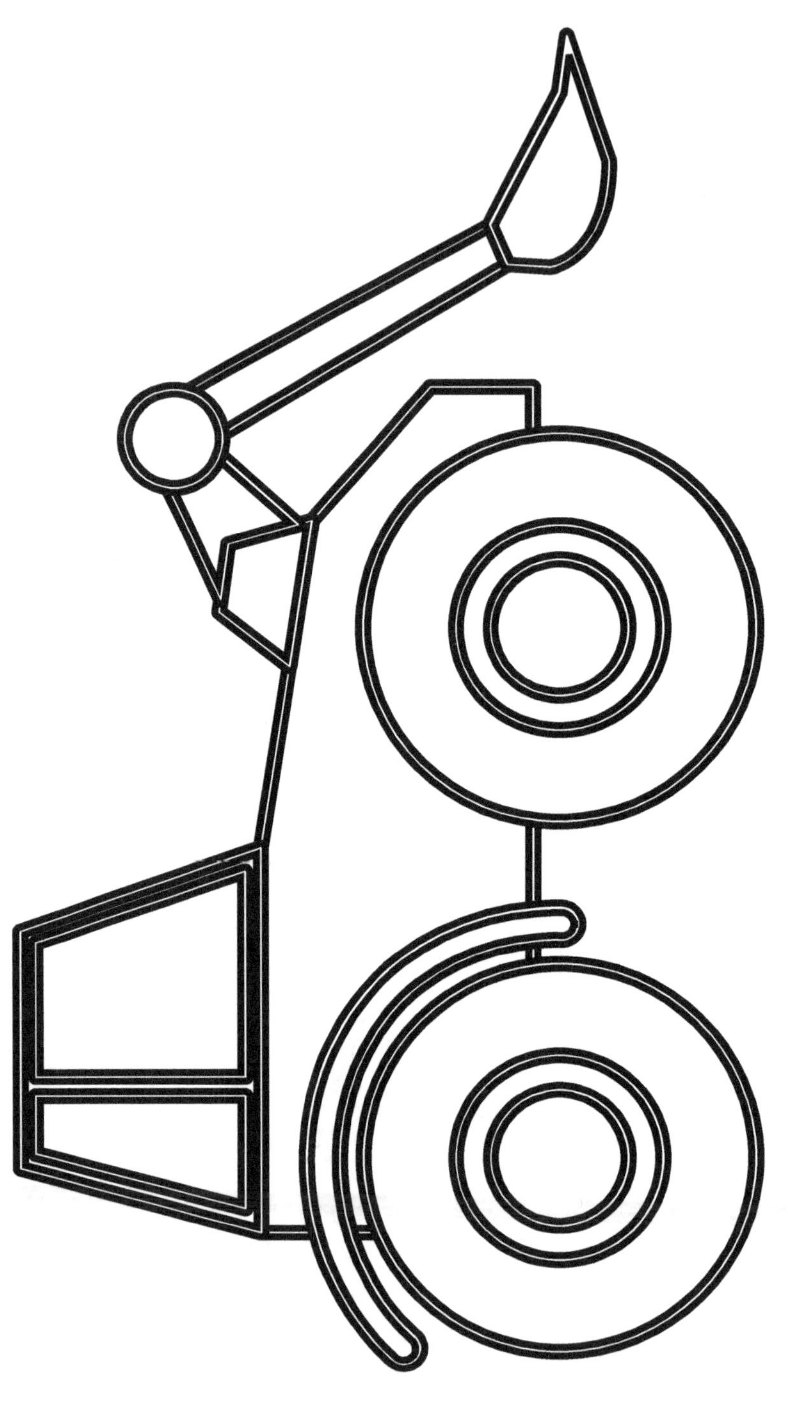

12

REPEAT

13

14

REPEAT

15

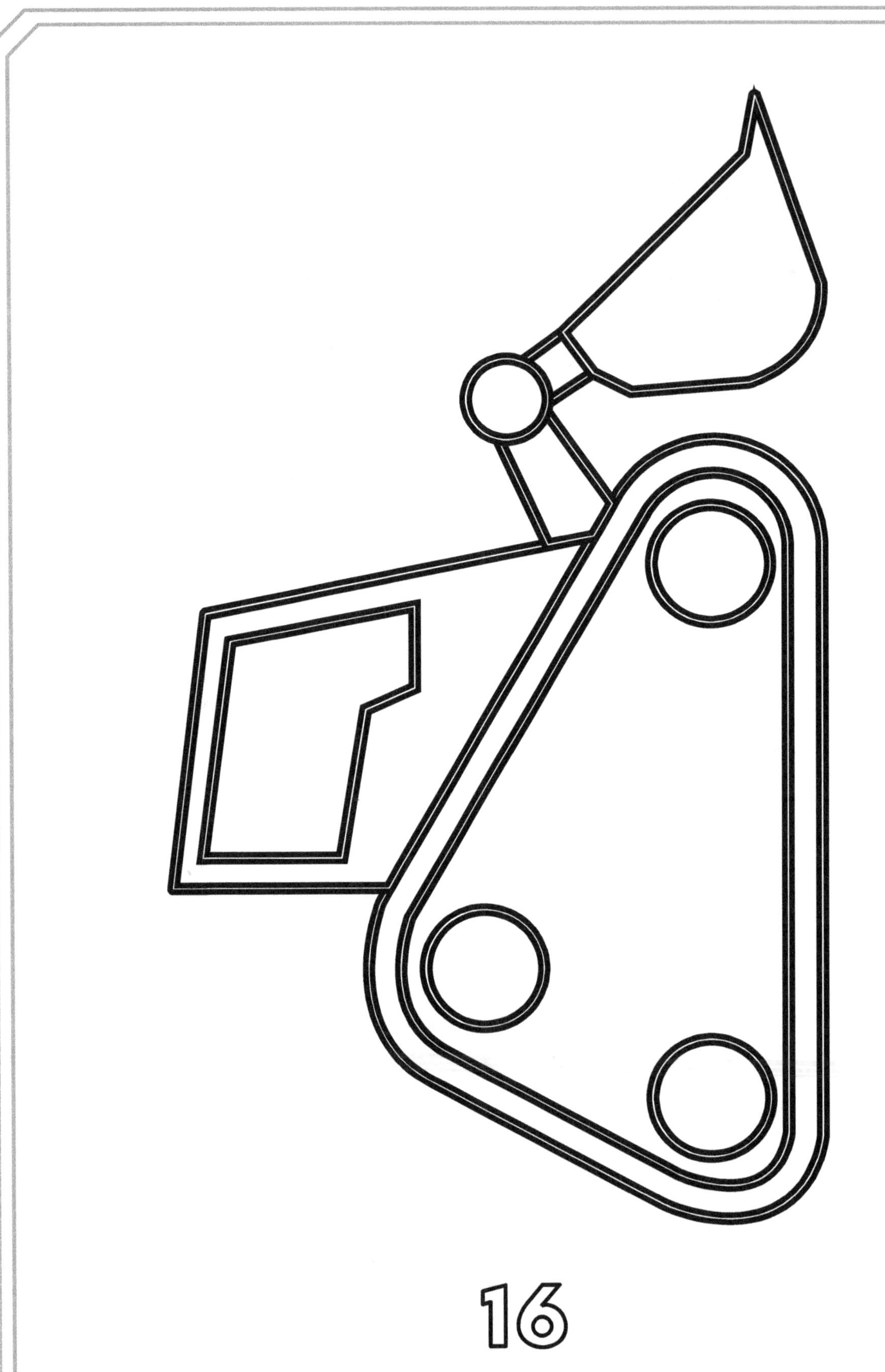

16

REPEAT

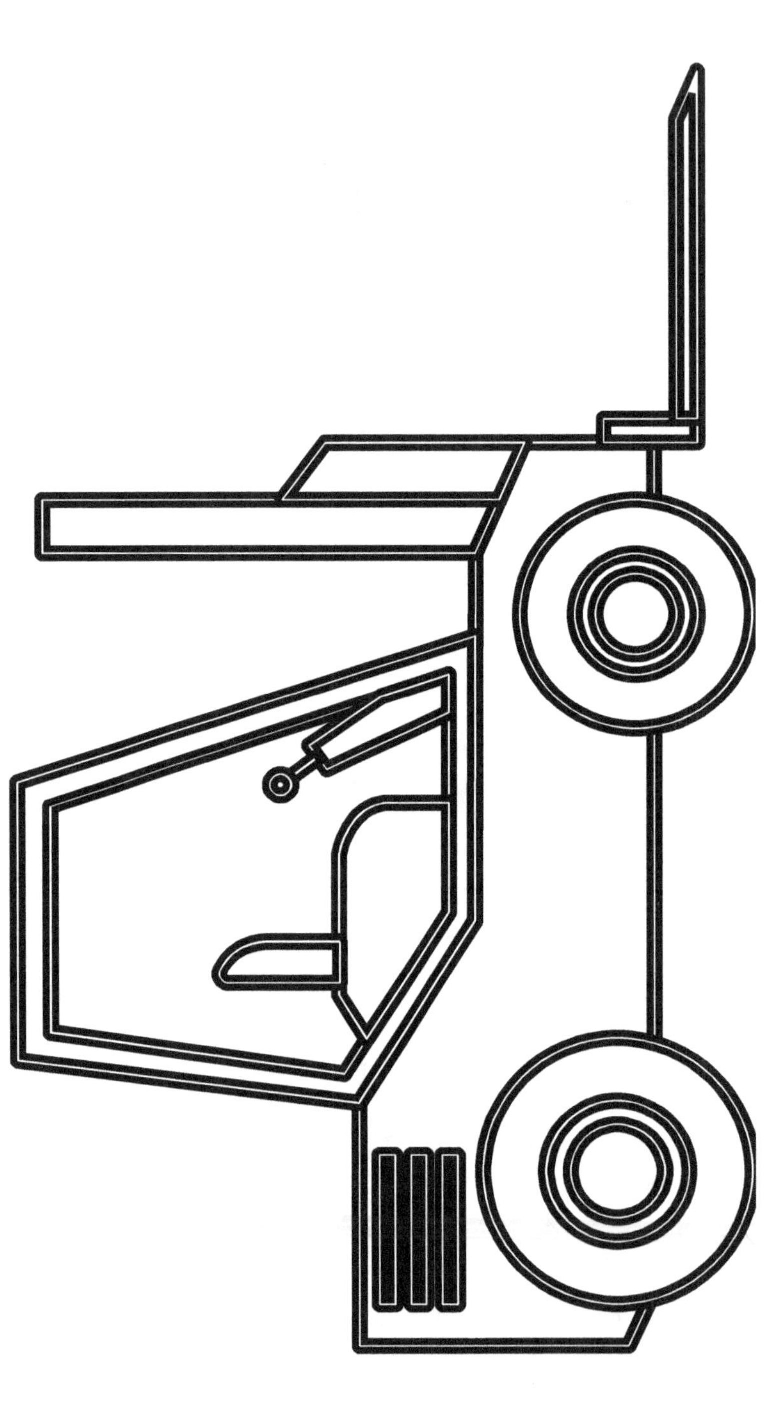

18

REPEAT

20

REPEAT

22

REPEAT

23

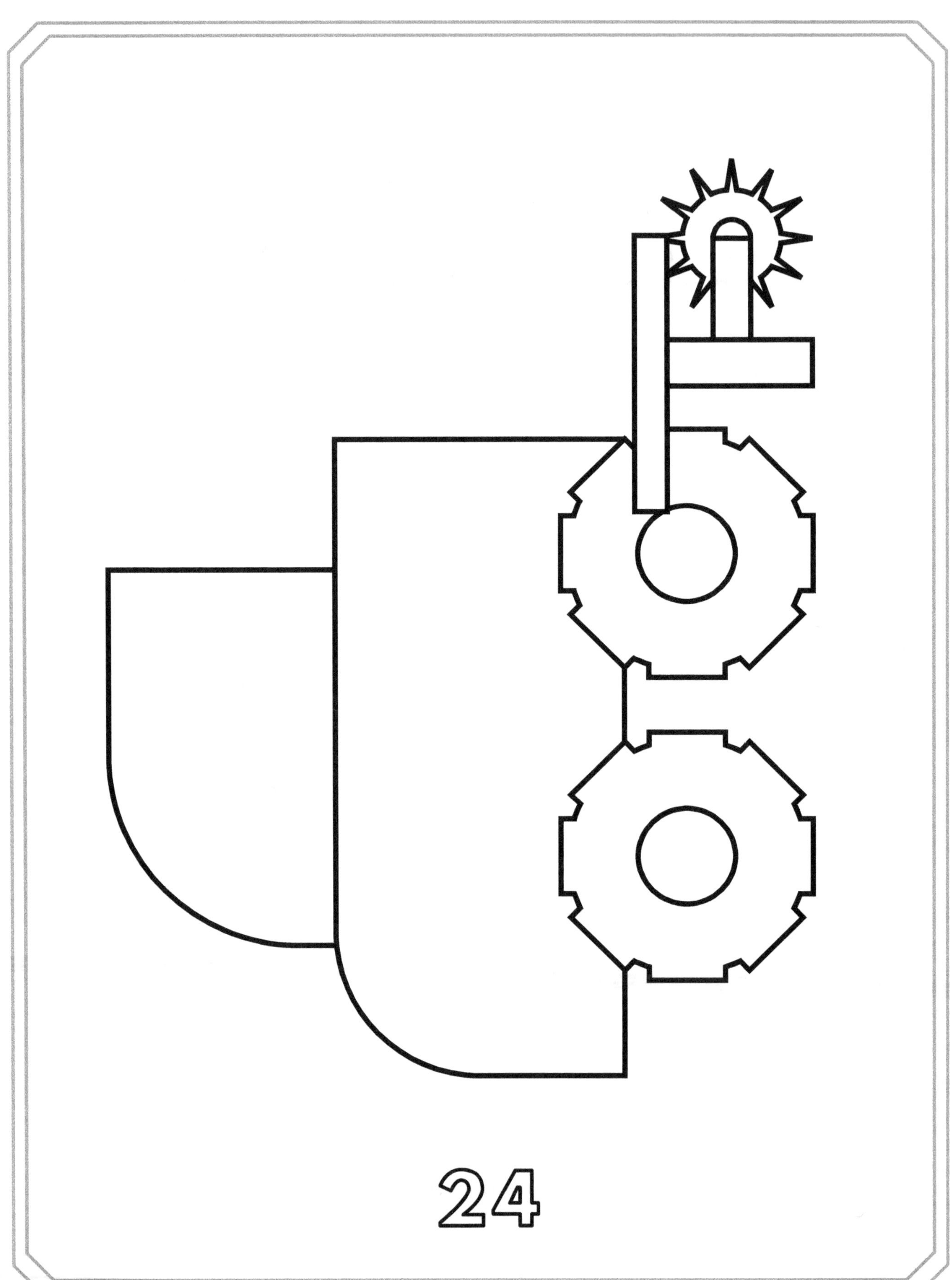

24

REPEAT

25

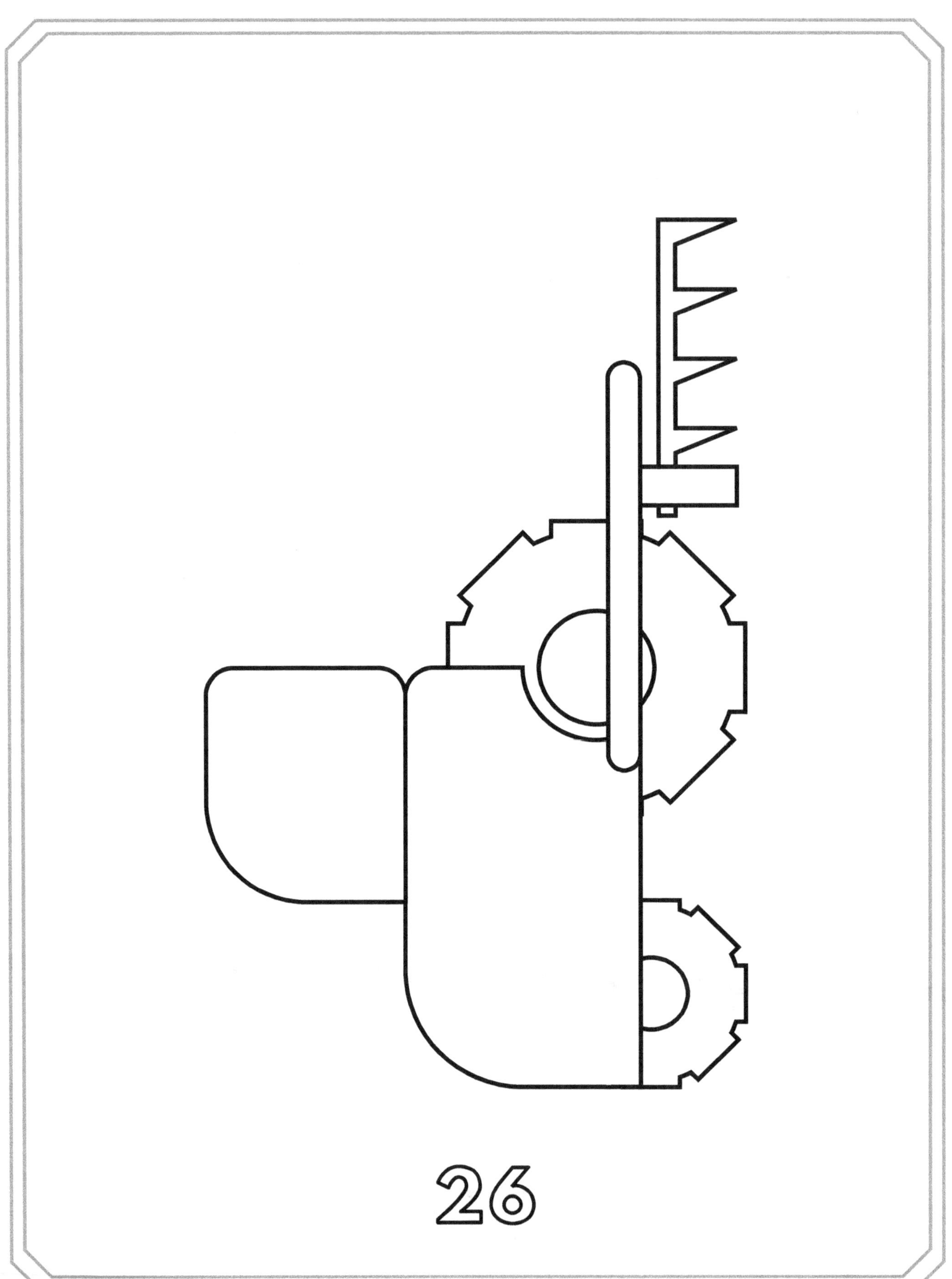

26

REPEAT

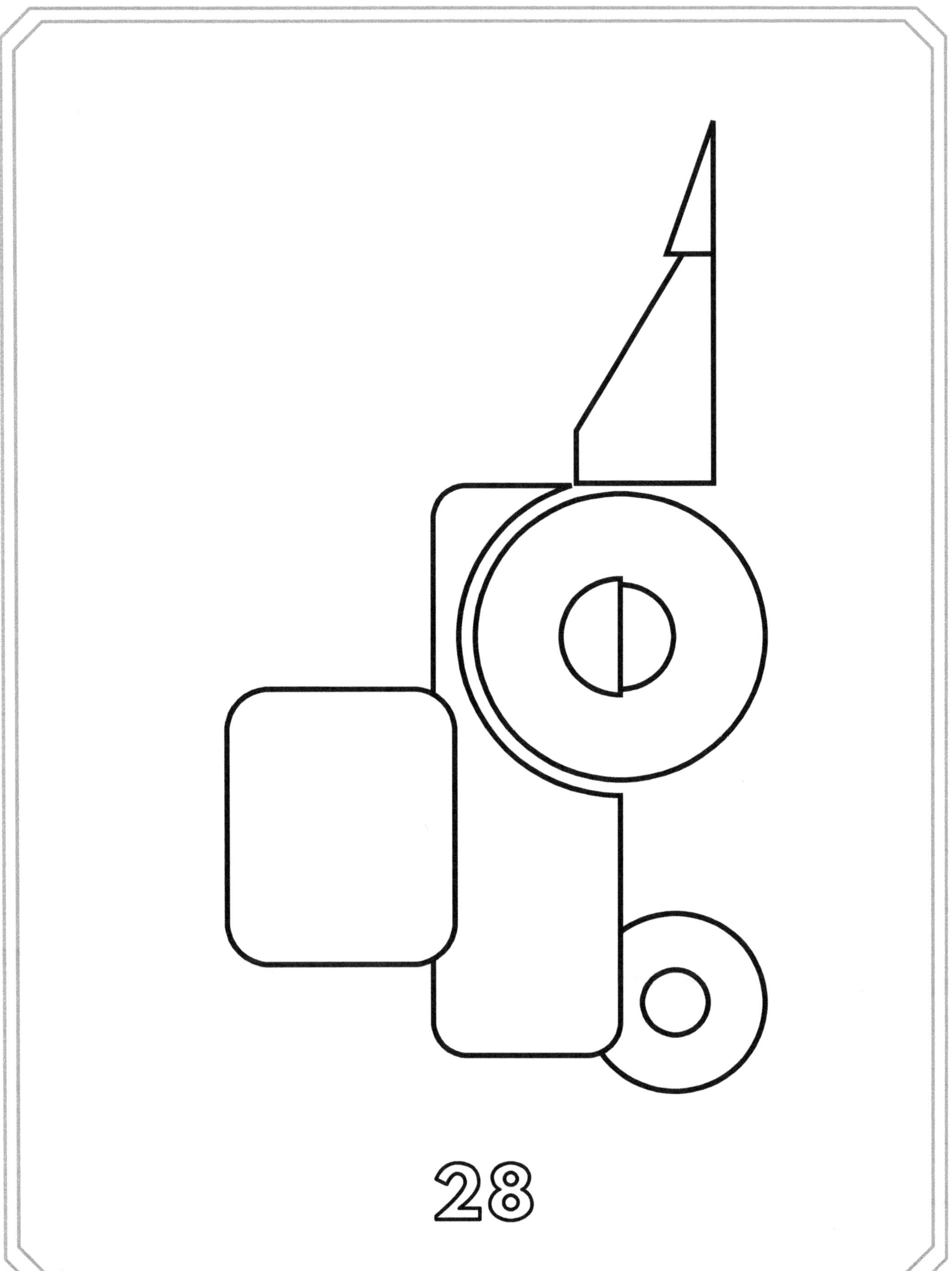

28

REPEAT

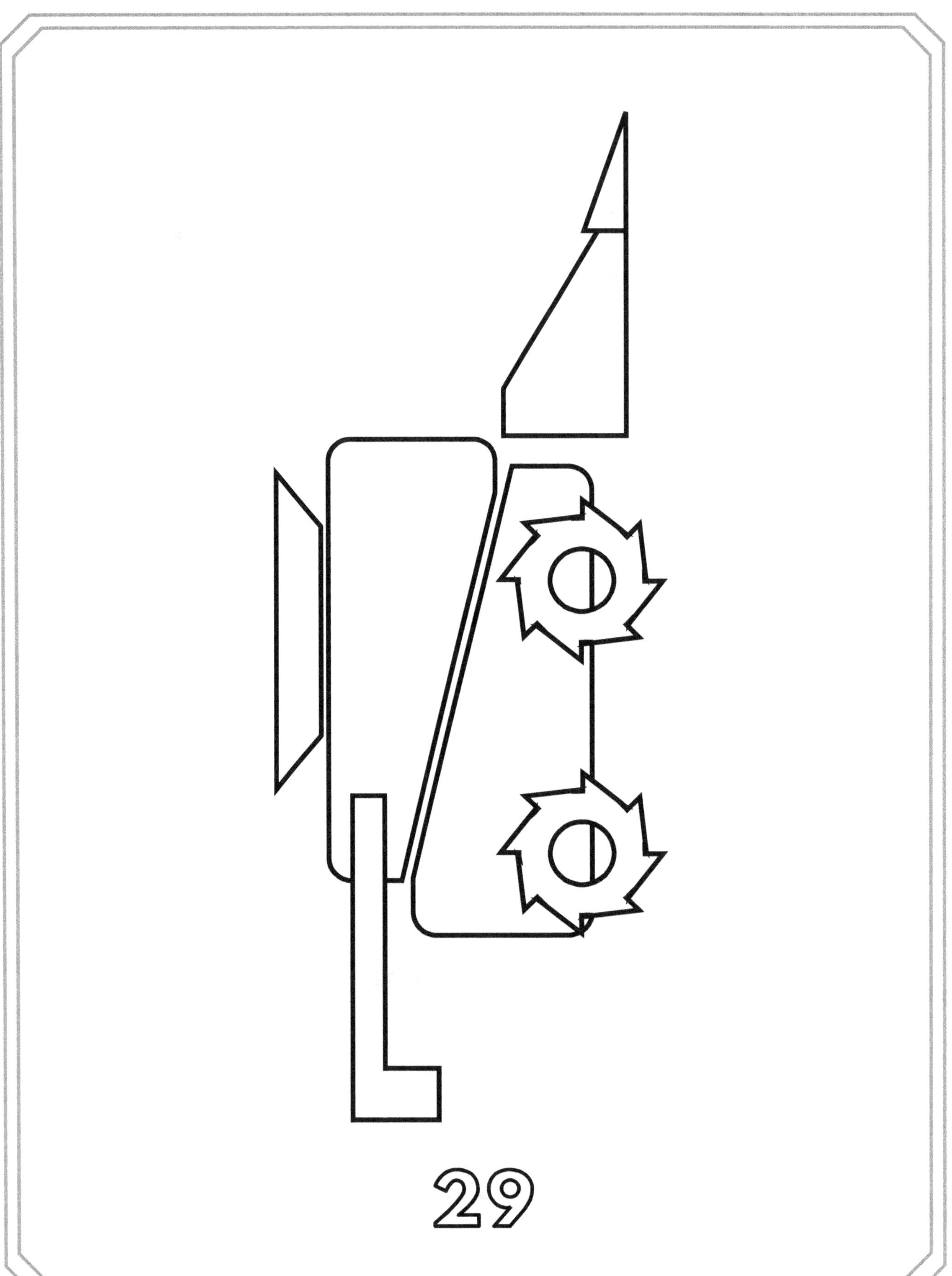

29

REPEAT

31